Cuerpos de agua

de agua

Dona Herweck Rice

Asesoras

Sally Creel, Ed.D.
Asesora de currículo

Leann Iacuone, M.A.T., NBCT, ATC
Riverside Unified School District

Créditos de imágenes: pág.23 (centro) Brian D Cruickshank/Getty Images; pág.6 iStock; págs.10 (superior), 11 (superior), 19, 23 (inferior) NASA; págs.28–29 (ilustraciones) Janelle Bell-Martin; todas las demás imágenes cortesía de Shutterstock.

Teacher Created Materials
5301 Oceanus Drive
Huntington Beach, CA 92649-1030
http://www.tcmpub.com

ISBN 978-1-4258-4669-5

Contenido

Un planeta acuoso

Para zambullirte. Para lavarte. Para nadar en ella. Para beberla. El agua es una de las cosas más importantes de la Tierra.

La trucha arco iris vive en **agua dulce**.

¡No podemos vivir sin ella! Por eso es bueno que esté en todas partes. El agua cubre más de la mitad de la Tierra. Incluso hay agua debajo de la Tierra.

¡Cuidado abajo!

Casi el 70 % del agua dulce de la Tierra se encuentra en los glaciares y las capas de hielo. El otro 30 % está bajo tierra.

un río subterráneo

¿Qué crea un cuerpo de agua?

Un cuerpo de agua es una gran cantidad de agua. La mayor parte del agua está en la **superficie** de la Tierra. Puede estar **contenida** en un lugar, como un lago. O puede moverse de un lugar a otro, como un arroyo.

¡Eres agua!

¿Sabías que hay agua exactamente donde estás ahora? ¡De veras! Más de la mitad de *tu* cuerpo es agua. Sin embargo, no eres un cuerpo de agua.

estanque

río

Los cuerpos de agua se forman en **depresiones** de la Tierra. El agua se junta, o se acumula, en esos lugares. Es posible que caiga como lluvia. Es posible que caiga como nieve. Puede salir hacia arriba desde debajo de la tierra.

El agua es un líquido. Llena el espacio de lo que sea que la contenga. También se mueve cuando la Tierra se mueve. Esto puede cambiar la forma de un cuerpo de agua.

Plic, ploc, plic

La cantidad de agua en los cuerpos de agua siempre cambia. La **precipitación,** como la lluvia, agrega agua a estos cuerpos. La **evaporación** disminuye la cantidad de agua.

Tipos de cuerpos de agua

Existen muchos tipos de cuerpos de agua. El tamaño es una de las cosas que los distingue. El modo en el que el agua se acumula o se mueve también los diferencia.

Océanos

Casi toda el agua de la Tierra está en los océanos. Estos son inmensos cuerpos de agua. Cubren la mayor parte de la Tierra. Los océanos están llenos de agua salada. Muchas plantas y animales viven en el océano. Pero las personas solo han visto una pequeña parte de los océanos del mundo.

El océano Pacífico es el océano más grande del mundo.

océano Pacífico

mar Mediterráneo

Mares salados

Los mares son como océanos. Pero están bloqueados por tierra por casi todos sus lados.

Muchos peces león viven en el océano Pacífico.

Lagos

Un lago es un cuerpo de agua grande que generalmente está quieta. Es de agua dulce. O sea, no es salada como la del océano. En general, un lago está contenido. Los ríos y arroyos confluyen para formar lagos. Pueden **alimentar** al lago. O pueden vaciarlo.

El lago McDonald tiene ríos que desembocan en él y ríos que nacen ahí.

La mayoría de los lagos son creados por la naturaleza. Algunos están hechos por los seres humanos. De cualquier modo, las personas disfrutan de pasar tiempo en los lagos.

Lago grande

La quinta parte de las aguas dulces de la Tierra está en el lago Baikal, uno de los más grandes lagos de la Tierra.

El lago Baikal está en Rusia. ¡Tiene 25 millones de años!

Estanques

Un estanque es un lago pequeño. Está lleno de agua dulce. Allí viven muchas plantas y animales. Las ranas y los patos son felices allí. También es un punto de reunión para los insectos.

Los patos joyuyo viven en los estanques.

Más de 1,000 tipos de animales viven en los estanques.

Charcos

Un charco es un cuerpo de agua, pero por lo general, no dura mucho. Es pequeño y se seca rápido por el calor del sol.

Humedales

Un humedal es tierra que usualmente está empapada de agua. Es posible que el agua no esté siempre allí. Pero siempre volverá. Un humedal rebosa de vegetación. Las plantas crecen bien en los suelos empapados.

Todo vale

El agua de los humedales puede ser dulce o salada. Los pantanos, las ciénagas y los marjales son tipos de humedales.

Los epilobios son flores que crecen en los humedales.

Los cangrejos de río son animales que viven en los pantanos.

Ríos

Un río es un cuerpo de agua que sigue un camino. Fluye hacia un cuerpo de agua más grande. El río puede terminar bajo tierra. O puede secarse. Algunos ríos son anchos. Otros son angostos. No hay reglas para el tamaño de un río.

Arroyos

¿Son diferentes los arroyos y los ríos? En realidad no, aunque con frecuencia se considera que los arroyos son más pequeños que los ríos.

Por lo general, los ríos son de agua dulce.

El río Nilo, en Egipto, es el más largo del mundo.

Hechos por el hombre

No todos los cuerpos de agua están hechos por la naturaleza. Las personas construyen o reforman algunos de ellos.

Vía fluvial

Si un cuerpo de agua es lo suficientemente profundo para que un bote pueda navegarlo, se denomina **vía fluvial**.

canales en Venecia, Italia

El Gran Canal Pekín-Hangzhou en China es el canal más largo del mundo.

Canales

Los canales son como ríos. Pero están hechos por las personas. Pueden recorrerse en botes. También pueden llevarle agua a la gente. Pueden cavarse en las zonas donde la gente necesita una vía fluvial. O una vía fluvial puede ser cambiada para mejorarla.

Una niña transporta agua en la cabeza tras recolectarla del lago Volta.

Embalses

Los embalses contienen y almacenan agua. A veces, se forman en la naturaleza. Pueden estar por encima o por debajo de la línea del suelo. O bien, las personas los hacen. Usualmente, están detrás de las presas. Esto se hace para controlar el agua. Quieren estar seguras de que habrá agua cuando la necesiten.

El lago Volta es un embalse en Ghana. Es uno de los embalses más grandes del mundo.

Embalse

La palabra *embalse* significa *depósito artificial*.

La maravilla del agua

Algunos accidentes geográficos tienen agua. Pero no son cuerpos de agua. Una cascada no es un cuerpo de agua. Es simplemente un lugar en el que el agua cae. Los géiseres no son cuerpos de agua. El agua solo brota de allí.

una cascada

Old Faithful, en el Parque Nacional Yellowstone en Wyoming, es uno de los géiseres más famosos del mundo.

Old Faithful hace erupción en lapsos de 60 a 120 minutos.

El agua tiene muchos nombres y está en todas partes.
El agua es importante. La necesitamos para vivir.

Los cuerpos de agua cambian todo el tiempo. Algunos pueden agrandarse. Otros pueden evaporarse. ¿Quién sabe? ¡Tal vez estés sentado en el hogar de un gran cuerpo de agua que está por venir!

Estas caracolas marinas fosilizadas fueron descubiertas en tierra. Eso significa que el agua solía cubrir esa área.

¡Hagamos ciencia!

¿Cómo cambian los cuerpos de agua? ¡Obsérvalo por ti mismo!

Qué conseguir

- ○ agua
- ○ arcilla
- ○ arena
- ○ bandeja

Qué hacer

1 Llena la bandeja con arcilla.

2 Moldea la arcilla para hacer colinas
y valles. Agrega arena a algunas
áreas de la arcilla.

3 Vierte agua sobre parte de la
arena y la arcilla. ¿Dónde se
asienta el agua?

4 Con cuidado, inclina y agita la
bandeja. Agrega más agua.
¿Qué notas cuando haces
estas cosas?

Glosario

agua dulce: agua que no contiene sal, se encuentra principalmente en los ríos, los lagos y las aguas subterráneas

alimentar: proporcionar lo que se necesita para el crecimiento continuo

contenida: retenida dentro

depresiones: áreas hundidas

evaporación: el proceso de cambiar de un líquido a un gas

precipitación: lluvia, nieve y otras formas de agua que caen a la Tierra

superficie: la capa superior de un área de tierra o agua

vía fluvial: un cuerpo de agua lo suficientemente ancho y profundo como para que los barcos lo recorran

Índice

¡Tu turno!

Observaciones del agua

Visita el cuerpo de agua más cercano a tu casa. ¿Es un charco? ¿Un lago? ¿Un océano? ¿Qué ves allí? ¿Qué escuchas y qué hueles? Haz un dibujo del cuerpo de agua y escribe una oración para describirlo.